Primeira edição: 3 de abril de 2023

direito autoral© *2022 Marcos Cervantes Janssen See More*

Editado por Editorial letr@o dia

https://www.youtube.com/channel/UCQ12Xlt8oQOaWAhAiboXPUA

https://www.instagram.com/newtekjanssen/

https://www.facebook.com/LETRA3ROJA

https://www.newtek.janssen@gmail.com

https://twitter.com/Letra3Roja

https://newtekjanssen.es.tl/

letra3roja@gmail.com

PATENTE

ISBN: 9798390351673

QUANDO, ONDE E COMO.

Por: Marcos Cervantes Janssen

ÍNDICE:

- **PREFÁCIO:** 5
- **INVENTOR:** 7
- **INOVATIVA:** 9
- **EMPREENDEDOR:** 11
- **AUTOR:** 13
- **O CRIADOR:** 15
- **DESENHISTA:** 17
- **COMPOSITOR:** 19
- **INVESTIGADOR:** 21
- **DIRIGINDO:** 23
- **CONSOLIDADOR:** 25
- **DOADOR:** 27
- **MENTOR:** 29
- **VISIONÁRIO:** 31
- **ISBN:** 33

PREFÁCIO:

Este trabalho é a amostra prática de umpatente, porque neste livro vou mostrarque você pode patentear sua ideia,projeto ou dispositivo usando oeditoração eletrônica; eu vou te dar tudo ferramentas necessárias para que você possa você realizar esta tarefa. patente tem sido ao longo da história, a forma com que nossa tecnologia evolui de maneira legal e justa para os criadores.É de vital importância patentear imediatamente que ideia original e inovadora que você tem, porque a passagem do tempo,deixou grandes invenções no esquecimento, e assim seus autores originais. leia com detalhe e clareza cada um dosrecomendações, apenas praticando e ao fazer isso, você será capaz de concluir esta tarefa de transcender, contribuindo com sua intelecto e habilidade. Somos um único sistema interconectado e verdadeiramente todos sem exceção precisamos de outros. As ideias eles surgem em momentos, assim como desaparecem fugazmente, é por isso que documento, transcende a mente humana através dos tempos, hoje pode ser o'momento preciso de transcender, deixando um legado útil, documentando de forma conciso e válido. cada mente que uppara o planeta, é capaz de contribuir para a evolução coletiva de nossa civilização.Cada ideia Dele é potencialmente transformadora, presente ao mundo, é contribuição pessoal ou coletiva maneira realmente prática. Eu que agradeço sua atenção e tenho certeza que sua ideia será de grande benefício para todos nós, semmas por enquanto iremos para o primeiro capítulo, lembre-se se quiser patente, este é o lugar certo, o'momento e da forma mais pessoal adequado para fazê-lo AGORA!!!!!!

INVENTOR:

Quando o desconhecido se torna conhecido, surge a invenção, se você tem ideias surgindo em sua mente, e está animado para expressá-las aos outros, seu caminho é o de um INVENTOR. A solução de milhares de problemas cotidianos e específicos requer inventores determinados a quebrar o silêncio e a timidez. Quando de repente em sua mente você visualiza a solução hipotética e experimenta as possibilidades de sucesso funcional, a inventividade em você está ativa. Agora, se você realizar a experimentação dessa invenção moldada em sua mente e ela for bem-sucedida, o inventor precisa patentear tal invenção para sua conservação e legitimidade. A palavra inventar é a entrada para uma janela desconhecida, e assim partir para a aventura da exploração mental, com o propósito claro de resolver e interagir com uma necessidade, problema ou desejo de descobrir. Inventar tem sido na história a ação cotidiana do progresso. Tendo novas tecnologias, teorias e hipóteses surgem da constante inventividade humana. Você é um Inventor, mas não dá por certo, pois parece um caminho muito difícil e complicado, neste livro, que é uma Patente em si, você verá a possibilidade de exercer a mesma oportunidade que é disponível para cada um de nós; isto é, ser um inventor legítimo e verdadeiro. Assim terás uma oportunidade real de transcender, em razão da invenção ao serviço dos outros, lembra-te que cada problema tem mais do que uma solução, querendo ser descoberto por um inventor de coragem e determinação. Entrar nessa janela do futuro é tarefa de quem tem os olhos no futuro e as mãos no presente, sem esquecer o passado como experiência inventiva.

INOVATIVA:

Quando surge uma ideia de melhoria, como resultado de uma solução já dada, é chamada de inovação, cada nova edição de um livro é uma inovação do título original, isso na indústria é chamado de revisão em modelos inovadores para melhor desempenho . A inovação não é uma invenção que surgiu do nada, mas é igualmente importante, pois a melhoria contínua em todos os aspectos nos leva à eficiência pela excelência. O processo de inovação exige alto grau de análise e proposta de melhoria. A inovação é a essência da evolução técnica do setor, assim como a melhoria contínua em quase todos os processos administrativos e técnicos. Inovar é envolver-se ao nível do design, para obter uma nova revisão, versão ou edição, conforme o caso.

Para inovar, devemos convidar as alternativas mais possíveis, na solução prática e real, do problema em questão, é assim que a eficiência e a praticidade são elevadas em seu calor e operação, através dos processos de inovação gerados. A técnica de patenteamento, por meio de edição bibliográfica, permite a inovação de sua patente, por meio de novas edições do título patenteado. cada revisão uma edição melhorada, ampliada e revisada. Inovar na forma de expor nossa patente é a essência deste trabalho, que ao ser compreendido e assimilado, sem dúvida nos conduzirá à sólida construção de nossos alicerces e primeiros passos nesta nova era de desafios transcendentais. Ele esclareceu que a invenção primária não deriva senão da mente direta do Autor e inventor em questão.

EMPREENDEDOR:

Um verdadeiro empreendedor não tem medo do fracasso, pois como empreendedor ele entende que ser um inventor ou inovador precisa de coragem e incentivo para navegar nessa aventura. Empreender é começar, assim sabemos; cada início exige um esforço de grande exigência e desafio. Descobrir que novos horizontes foram esquecidos não é agradável, por isso o empreendedorismo exige muita perseverança e astúcia. Começar sempre requer energia extra, então o empreendedorismo, como um iniciante, começa com um big bang criativo, sendo este fundamental na evolução e na mudança dinâmica; Por isso, empreender é uma ação criativa e voluntária com propósitos futuristas, por meio de um presente ordenado, enérgico e proposital.

Ser empresário é essencial para criar uma nova patente, bem como editar a obra literária para sua descrição e registro. Desta forma você obterá um **ISBN**,**(Número padrão Internacional do livro),**com o qual a ideia já tem autor e propriedade intelectual. O empreendedorismo literário é a forma mais prática e viável de estabelecer a autoria de suas ideias, designs e invenções. Esta obra que você tem em mãos representa, em essência, tal função. Este livro é o empreendimento pelo qual as patentes podem ser realizadas de forma prática e direta. Cada empreendimento que você realizar,documentar imediatamente em minutas em primeira instância, com o claro objetivo de torná-las públicas, sob sua autoria. Assim, desta forma, você será o Autor e titular dos direitos legalmente registrados do que está escrito e documentado.

AUTOR:

Ordenando suas ideias de forma pessoal e automática, de acordo com sua estratégia previamente praticada, você poderá ser o único e exclusivo autor de tais ideias de forma real e imediata. Ser um autor é realmente importante para o seu desenvolvimento pessoal como inventor. Assim, ao praticar a autoria de seus projetos por meio da documentação literária correta, levará você à titularidade de sua patente. Assim é, internacionalmente, graças aos atributos do **ISBN,(Número Padrão Internacional do Livro).** É assim que nesta obra de 33 páginas o levará a experimentar a autoria dos seus projetos. Ser construtores de nossa civilização é uma tarefa excepcional; isto em qualquer uma das áreas existentes e a criar. Lembre-se de que ser um autor é de natureza universal. A autoria criativa e inventiva envolve todos os campos de pesquisa e desenvolvimento tecnológico, bem como a área artística. Dentro de todas essas ramificações a serem desenvolvidas, haverá vários tópicos a serem documentados, como; ciência, música, poemas, medicina, psicologia, especialidades, etc. Ser autor é aquele que promove a sua própria divulgação de forma a partilhar o seu ser. Somente como um verdadeiro autor você pode se entregar aos outros. O conhecimento adquirido e experiencial que reside em ti, podes, pelos teus próprios meios, transferir para outros, sendo esta uma das máximas enquanto seres humanos. Cada problema resolvido é digno de capturar o significado geracional, e é através da escrita que dura mais tempo sem desvios e diluição. Ser autor também implica aprender para sempre como estilo de vida, é assim e só assim que o domínio da vida se torna nosso.

O CRIADOR:

Uma criação consiste na correlação interativa de elementos e ideias, componentes e composição, é assim que a matéria toma forma, que as partituras se transformam em melodia. Ser criador é confortar a individualidade, um sistema organizado e funcional, é unificar através de acoplamentos inteligentes, uma estrutura com identidade própria. Criar não é um ato de geração espontânea, mas sim uma profunda evolução de ideias materializadas. Ser criador é procriar para os outros, contribuir para o bem comum, fazer nascer soluções e expressões que transcendem o tempo e o espaço; Assim, somos criacionistas e criacionistas nesta existência em eterna evolução.

CRIAR É ACREDITAR E DAR AOS OUTROS O QUE EMANA DO NOSSO INTERIOR.

A propriedade de Criador é concedida à entidade soberana, que a humanidade identificou como DEUS, com isso podemos ver o quanto a humanidade considera importante o exercício de tal atividade, com a qual parece que criar é de natureza divina, assim como nós como humanos somos divindades cujo propósito e virtude possuímos por herança. Criar é a única forma de evoluir de forma integral, levando assim nossa civilização para além dos já conhecidos desejos terrenos. Patentear cada uma de nossas criações é nosso direito e uma obrigação, isso em prol da ordem que deu origem à nova civilização humana; que se cria, criadora e renovadora, em sua caminhada eterna. Assim, somos humanos com a consciência desperta para o progresso, nesta existência análoga, cheia de desafios a resolver.

CRIAR é ACREDITAR no verdadeiro PODER.

DESENHISTA:

Projetar é a tarefa de direcionar nossos pensamentos criativos de maneira ordenada. O designer direciona esses sonhos, ainda não realizados, por meio de estratégias, métodos e ferramentas para a conformação e consumação deste. Ser um designer de livros requer trabalho, mais do que virtude. Quando sua patente é concretizada em folhas de papel, o desenho deste material é fundamental para a representação clara da patente em questão. O desenho abrange desde o nascimento da ideia até a consumação da patente concedida em questão.

A documentação sempre foi a forma mais substancial de herdar a sabedoria, neste caso o design é primordial porque a exatidão e a precisão determinam a cobertura editorial da patente. Cada projeto documentado é altamente reprodutível, tanto que é possível comercializar ideias através deste método de patenteamento. Projetar um livro é a melhor maneira de praticar o patenteamento editorial. Um Designer é um planejador por excelência, sendo seus projetos criações premeditadas com alto grau de consciência e visão ativa.

TRÊS PALAVRAS ESCRITAS DIZEM MAIS QUE MIL PALAVRAS NO AR.

COMPOSITOR:

Dentro do tema do patenteamento, a música tem um lugar muito importante, pois é através dela que a cultura e a educação são transmitidas de geração em geração, escrever música é uma técnica, que requer conhecimentos especiais. É preciso atenção e muito tempo para dominar a escrita de partituras, colocando assim a música no papel para preservação hereditária. Compor música envolve a arte de expressar situações mentais com melodia e habilidade técnica, gramatical, esse sentimento como uma ideia precisa. Além de escrever, também é muito importante ler e interpretar os versos da música o mais fielmente possível. É assim que o patenteamento de melodias é feito apenas por meio de partituras escritas. A transmissão de melodias por meio de treinamento sonoro ou meramente manual, perde sua precisão de uma geração para outra, não por isso quando ela é incorporada ao papel, é possível reproduzir e preservar a autoria completa da sinfonia em sua totalidade. Interpretar música é uma arte sublime, mas compor música é uma vocação e virtude incomparável para o desenvolvimento humano e sua história, é assim que cada cultura, região e grupo social imprime seus sentimentos neste caminho de existência.

COMPOR É CO-CRIAR A BELEZA DA EXISTÊNCIA.

INVESTIGADOR:

Os métodos de pesquisa são o padrão de descoberta tecnológica de nossa história como humanidade, a pesquisa está em nós, natureza pura para nossa perpetuidade. É por essa razão que nossa mente sempre vai procurar, reinvente tudo o que aprender. Cada vez que analisamos informações, a busca na verificação e abrangência de tal tema é acionada em nós. Corroborar é nossa tarefa como pesquisadores naturais, verificando cada situação e informação, reafirma nosso conhecimento das coisas e situações.

NÃO É QUEM MAIS SABE, MAS QUEM FAZ MAIS, QUE TRANSFORMA A NOSSA SOCIEDADE.

Pesquisador é aquele que não para e apenas observa, mas aquele que dinamicamente coleta informações e, sob uma ordem e estratégia, consegue revelar resultados.

Os métodos de investigação, bem como as competências pessoais para os desenvolver, coexistem sob a mesma visão, de criar hoje no presente, com base no passado analisado, um futuro estruturado sob as diretrizes da purificação e aperfeiçoamento. Pesquisar de forma natural é correto, mais pesquisas planejadas, baseadas em estruturas experimentais, sem dúvida darão melhores resultados e em menos tempo.

Baseada apenas na permanência e dedicação, *uma patente é sempre a culminação bem-sucedida de uma pesquisa meticulosa e meticulosa*.

DIRIGINDO:

O impulso recebido para empreender uma inovação vem de diferentes fontes, sendo a mais importante e permanente o próprio interior pessoal. Seja por desejo ou influência externa, cada impulso em nós deve, por sua vez, ser transferido para os outros. Assim, como promotores da nossa própria realidade, poderemos fomentar o espírito dos outros. Um ser que é verdadeiro promotor, promove e contagia seus semelhantes, para que voltem a caminhar renovados. Este trabalho impulsiona sua decisão de levar a sério sua intelectualidade inventiva e, por meio de documentários escritos como este, você gera inovações, ideias e melhorias sob o esquema de livros registrados internacionalmente. Convido você, por meio da redação, diagramação e edição de seu projeto, a gerar obras literárias que sejam lidas em todo o mundo, sob as diferentes proteções de direitos autorais oferecidas pelo editor, hoje como autores independentes. Lembre-se que cada projeto finalizado, levará com experiência, à resolução em seu momento oportuno. A experiência de utilização dos métodos e equipamentos designados para este fim, dão resultados patentes de impulso.

PROMOVEMOS A CRIAÇÃO DE PATENTES ATRAVÉS DA EDIÇÃO DE LIVROS DIGITAIS. (ISBN)

CONSOLIDADOR:

Se você chegou até essa linha de leitura, é hora de consolidar sua ideia como sua própria patente. Não hesite mais e escreva com atenção a sua invenção, descoberta, inovação ou criação, seja qual for o gênero, para assim consolidar no papel o que já está na sua cabeça há muito tempo.

Lembre-se de que as hipóteses também estão sujeitas a patentear.

Sabemos que o método científico requer experimentação para sua validade, mas não é imprescindível para sua consolidação como objeto de patente.

É por isso que recomendo que você faça o seu imediatamente e proteja sua propriedade intelectual antes que o tempo, além das ocupações diárias, o distraiam. A dissipação mental faz com que o consolidador não conclua sua tarefa, por isso é altamente recomendável encurtar os tempos decisivos, e reagir imediatamente, à expressão das ideias no papel, não deixar em jogo o que pode transcender e mudar o que for necessário para o bem comum. Lembre-se que fechar os ciclos é sempre de vital importância para continuar evoluindo e transcendendo através da consolidação responsável de nossas ações, decisões e criações. **Com solidez, o sucesso é mais certo.**

DOADOR:

É o tema principal dos criadores, já que a realização de contribuições se baseia em dar-se e depois receber o que corresponde por causa e efeito. Se sua contribuição para o patenteamento é dessa natureza, é de vital importância oferecê-la por escrito e reproduzida para conhecimento do maior número de beneficiários. Lembre-se que uma patente é uma doação, a outros, com a clara realidade dos royalties; tanto mais que o motor da invenção é o aperfeiçoamento contínuo de nossa espécie. Desta forma é como resultado, o justo lucro para o nosso bem-estar e o da nossa comunidade.

Dar o melhor de nosso intelecto na autopublicação promoverá, por sua própria natureza, a patente em questão, bem como as indicações para seu uso e reprodução. Este livro foi projetado especificamente para instruir, por meio da patente editorial, a realidade dela. É verificar se essa ideia é verdadeira e prática, é o DAR da obra, para cada um dos potenciais idealizadores. Assim, a oportunidade de patentear se dá de forma prática, simples, rápida e real. Dar o seu tempo para aprender a escrever e desenhar o design correto para cada uma das patentes é tarefa individual de cada pessoa com esse perfil maravilhoso. Lembre-se desta verdade humana, **DAR É AMOR.**

MENTOR:

Se a ideia a ser patenteada já estiver clara em sua mente, faça um rascunho, passo a passo, com todos os detalhes, pois você será o mentor de quem tiver que entender sua patente na hora. Cada patente é um legado para outras, por isso o serviço docente é exercido por vocação. Lembre-se sempre que como parte de um todo, você e eu aprendemos, por isso é nosso dever ensinar, orientar e educar as novas gerações. Assim, como mentores, podemos fazer uso dessa ferramenta tão importante que é a publicação de obras literárias. Todo mentor requer uma fonte confiável como backup, então um livro é indicado. O mentor é um professor que orienta e faz com que o aprendizado se transforme em uma prática real, pois acompanha o discípulo em questão pelo tempo que for necessário. Um mentor também oferece seu rosto como um amigo e não apenas como uma autoridade de ensino. Um mentor se torna uma família por meio desse caminho real de aprendizado, por isso seu relacionamento vai além da informação objetiva. Cada experiência transferida deve, assim, ser acompanhada de uma experiência anterior, razão pela qual cada escrito torna-se um mentor quando se torna legalmente válido e reconhecido pela sua existência influente. Uma patente é um mentor para quem a faz inovar seus conhecimentos atuais.

VISIONÁRIO:

Uma das maiores motivações que você certamente já experimentou é revelar o que você inovou ou descobriu por dentro, para ajudar ou demonstrar que esta ou aquela situação tem solução. Ser visionário é enxergar muito além dos nossos próprios interesses, que obviamente são prioridade na vida de todos. Cada vez que você enfrentar um problema diário e encontrar uma nova solução em sua mente, seu cérebro estará projetando um futuro melhor em seu pensamento, e isso não apenas para o bem individual, mas também para um amplo e extenso bem comum.

Planejar o futuro e ser estrategista é ser verdadeiramente um visionário que se apega a resultados reais e tangíveis. A visão é aquela que se forma em nossa mente, mas é real, na forma como realizamos atos para sua comprovação, e uso prático. Ser visionário no assunto patenteamento é deixar um legado à disposição de todos. Uma descoberta, desenho ou conformação requer uma visão completa da nossa vida, aprendendo com o passado, corrigindo no presente e vivendo sempre um futuro criado por nós mesmos. Você só pode equilibrar o presente com seus dois componentes em seus lados, passado e futuro, experiência e planejamento, fundação e teto.

ISBN:

Como epílogo falarei diretamente sobre o ISBN, **(Número Padrão Internacional do Livro),** Que nesse mesmo livro que você está terminando de ler, está impresso na contracapa, nesse caso esse número é **ISBN: 9798390351673** e já faz parte da web, o www leva para todo o mundo e em todos os momentos, então divulgá-lo é uma tarefa inclusiva para o nosso objetivo primordial. Poderemos patentear o maior número de inovações, descobertas e tecnologias, através de tratados mundiais e permanentes de edição registrada para carros independentes. Baixo custo e cobertura universal. Um ISBN é único e pessoal, é o EU IA de uma obra em sua totalidade, tornando o autor proprietário do referido documento.

Lembre-se que em um tratado, ensaio ou escrito, poderia capturar em detalhe, tudo o que corresponde à sua ideia, dispositivo, innovación ou hipóteses, diagramas de dados e o resto Informação, sob o'número Registrado mundialmente e valorizado mundialmente como propriedade intelectual do autor referente ao referido ISBN, abaixo deixo o QR para registro, pagamento e assim obtê-lo.

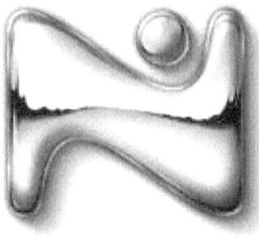

Todos os direitos reservados. Sob as sanções estabelecidas
no ordenamento jurídico, é terminantemente proibido,
sem a permissão por escrito dos proprietários do Copyright ©
a reprodução total ou parcial desta obra por
qualquer meio ou procedimento
reprografia e tratamento
informático.

www.ingramcontent.com/pod-product-compliance
Lightning Source LLC
Chambersburg PA
CBHW031558210526
45464CB00003B/1339